Silvio Siegel

Handbuch für das Auswandern nach Russland

Dieses von mir erstellte Handbuch soll ein Leitfaden sein, an dem Ihr Euch lang hangeln könnt, um Eurem Ziel oder Traum nach Russland auszuwandern, näher zu sein.

Silvio Siegel (geb. 1976) freier Autor. Redakteur und E-Book Produzent.

Adresse: Hans Grade Strasse 26, 06449 Aschersleben
E-Mail: silviosiegel@icloud.com

Umschlaggestaltung: Silvio Siegel
Korrektorat: Silvio Siegel
ISBN: 978-3-384-14436-2

1. Vorwort

Grundsätzlich ist diese Anleitung nichts für Leute, die der Meinung sind, dass sie durch den russischen Staat in irgendeiner Art und Weise unterstützt werden. Wenn Ihr das glaubt oder hofft, braucht Ihr nicht weiterzulesen. Wenn Ihr Euch entscheidet nach Russland zu gehen, werdet ihr erst einmal aus Eurer Wohlfühlzone herausgerissen, um dann Eure neue Wohlfühlzone in Russland später wieder aufzubauen.

2. Die Entscheidung

2.1 Vorgehensweise

Die Entscheidung nach Russland zu gehen ist für einige von Euch sicherlich sehr schwierig und sollte gründlich überlegt werden. Ich schlage als Beispiel folgende Vorgehensweise vor, an der ich mich 2008 lang gehangelt habe.

Als erstes benötigt man ein Touristenvisum für die zweimalige Ein- und Ausreise innerhalb von 6 Monate. Dies ist, wenn man vorher noch nie in Russland war, die maximale Aufenthaltslänge, was man an einem Visum bekommen kann. Nähere Erläuterungen findet Ihr unter dem Punkt Einreise.

Somit schafft ihr Euch erst mal eine Grundlage, um nach Russland einzureisen und das Land kennenzulernen. Ich empfehle jeden hierbei in Deutschland oder Europa nicht alle Zelte gleich abzubrechen.

Ihr könnt natürlich den Zeitraum des Visums nutzen, um schon auf Arbeitssuche zu gehen. Ich denke, hierbei können Euch schon die sozialen Medien helfen. Hier könnt Ihr vor Reiseantritt Kontakte knüpfen.

2.2 Persönliche Erfahrung

In meinem Fall kann man schon von einem großen Vorteil sprechen, denn ich wurde durch einen Automobilkonzern nach Russland auf Dienstreise geschickt. Der Vorteil hierbei für mich war, dass ich seitens meines Auftraggebers in der Anfangszeit an die Hand genommen wurde und dass ich gleich in die russische Arbeitswelt eingestiegen bin. Ich war zwar nicht offiziell in Russland eingestellt, aber eben über meinen damaligen Arbeitgeber in einem Beschäftigungsverhältnis. Somit habe ich natürlich in der Anfangsphase gleich ein geregeltes Einkommen gehabt, das nicht in Russland, sondern in Deutschland ausgezahlt wurde. Ich aber jederzeit über einen russischen Bankautomaten abheben konnte. In der heutigen Zeit 2024 ist das sicherlich so nicht mehr machbar.

Erst als ich eine gewisse Anfangszeit hinter mich gebracht hatte und ich mir ein grobes Bild von Russland machen konnte, habe ich verstanden, dass ich meinen Lebensmittelpunkt in Russland aufbauen möchte. Ich bin dann Schritt für Schritt diesen Weg gegangen.

Ich möchte hier noch mal ganz klar zu verstehen geben, dass in Russland keiner auf Euch wartet und keiner an der Grenze mit einem Blumenstrauß steht. Der Weg, den ihr gehen werdet, wird steinig und hart sein. Es wird einige Hochs geben, aber auch viele Tiefs und diese Tiefs müsst Ihr überstehen, das wird in einem fremden Land immer durch die positiven ersten Eindrücke (Land, Leute etc.) sehr leicht unterschätzt.

Hierbei spielt auch eine sehr große Rolle, ob man in der Zeit Freunde gefunden hat oder Verwandte, auf die man zurückgreifen kann, denn ganz allein wird es sehr, sehr schwierig werden.

Auch ich hatte in meiner Vergangenheit viele Tiefs. Wenn ich dann nicht auf meine damalige Freundin und jetzige Frau zurückgreifen hätte können, wüsste ich nicht so richtig, ob ich das durchgehalten hätte.

Ihr müsst jeden Tag neu kämpfen und Euch beweisen.

3. Budget

3.1 Ausführung

Um Euren Traum die Auswanderung nach Russland, zu erfüllen müsst Ihr natürlich im Vorfeld über gewisse finanzielle Reserven verfügen. Wie hoch diese sind, könnt Ihr Euch auf Basis meiner Empfehlungen selbst ausrechnen. Wenn Ihr euch allerdings entscheiden wollt, ohne finanzielle Mittel nach Russland auszuwandern, dann möchte ich Euch gleich davon abraten. Es ist genau wie in anderen Ländern auch ein gewisses Startgeld müsst Ihr mitbringen, um Euerem neuen Leben eine Basis zu geben. Wie ich es bereits beschrieben habe, ist die Jobsuche oder die Möglichkeit seinen Unterhalt zu verdienen sehr schwierig und somit die finanzielle Starthilfe unumgänglich.

3.2 Kosten

Die Zahlen, die ich Euch nun nennen werde, beziehen sich auf den Oblast Kaluga und für die Stadt Kaluga selbst. Die Kosten sind in jeder Region unterschiedlich wobei die Kosten in den Städten Moskau, Sankt Petersburg oder Sotschi deutlich höher sind.

Miete einer 3-Raum-Wohnung 75 qm² möbliert inkl. Wasser, Strom und Gas ca. 65000,00- 85000,00 RUB

Kauf einer 3-Zimmer-Wohnung 75 qm² möbliert (exkl. monatl. Nebenk.) ca. 5 500 000,00- 6 500 000,00 RUB

Benzin 95 - 55,00 Rubel pro Liter

Strom 6 - 12 Rubel pro KW

Gas 7- 9 Rubel pro Kubik

Fahrzeug Neuwagen Lada NIVA, gute Ausstattung ca. 1 700 000,00 Rubel

Lebensmittel sind bis zu 40 % günstiger als in Europa

Die Gehälter schwanken stark und sind von dem eigentlichen Beruf, der ausgeführt wird, abhängig.

Hier ein paar Beispiele:
LKW-Fahrer/in Langstrecke
150 000,00- 250 000,00 Rubel

Taxifahrer/in
80 000,00- 120 000,00 Rubel

Assistent/in
35 000,00 – 55 000,00 Rubel

Buchhalter/in
50 000,00 – 100 000,00 Rubel

Leiter/in Produktion
120 000,00 – 250 000,00 Rubel

Ich habe extra die Preise in Rubel angegeben, da der Umrechnungskurs ständig schwankt. Wenn Ihr zum besseren Verständnis die Summen in Euro benötigt, könnt Ihr den aktuellen Umrechnungskurs Euch aus dem Internet entnehmen.

3.4 Empfehlung

Grundsätzlich empfehle ich jeden sein Hab und Gut in Deutschland zu verkaufen, um Bargeld für die Starthilfe in Russland zu generieren. Wer über einen Transport seiner Möbel von Deutschland nach Russland nachdenkt dem möchte ich aus zwei Punkten davon abraten.

1. Durch die aktuelle Lage sind die Transportkosten von Deutschland nach Russland deutlich angestiegen
2. Außerdem muss dem europäischen Zoll dargestellt werden, dass bei dem Transport eueres Hausstandes es sich nicht um Sanktionsverstöße handelt, dies kann mit erhöhten Kosten und zu großen Problemen führen.

Wenn Ihr Euch entscheidet, Euren Fahrzeug mit nach Russland zu nehmen, dann ist dies im Moment auch noch möglich und ich empfehle jeden dies zu tun. Das eigene Auto ist eine enorme Hilfe für den Start in Russland. Hier gibt es aber einige Sachen die dringend beachtet werden müssen, um keine Probleme in Russland zu bekommen. Dies wird näher unter dem Punkt Fahrzeug beschrieben. Je größer Euer finanzielles Polster ist, um so flexibler und ausgeglichener könnt Ihr an Euren Leben in Russland rangehen. Alles, was Ihr in Deutschland hattet, könnt Ihr in Russland wieder anschaffen. Vielleicht in einer anderen Form und Art und Weise, aber auch hier in Russland ist alles erhältlich. Private Dinge solltet Ihr natürlich behalten aber alles, was Ballast ist und Euch nicht nahesteht, solltet Ihr abstoßen und zu Geld machen.

In Russland ist es jederzeit möglich als Ausländer ein Konto in unterschiedlichen Währungen zu eröffnen und Euer Geld dorthin zu transferieren. Auch hier gibt es unterschiedliche Wege, die Ihr zu jeder Zeit aus dem Internet und sozialen Medien entnehmen könnt.

4. Einreise

4.1 Erklärung

Was wird benötigt Ihr für die Einreise nach Russland? Als allererstes benötigt Ihr einen gültigen Reisepass dieser muss eine Gültigkeit von mindestens 6 Monaten bei Erteilung des ersten Visums aufweisen.

Als zweites benötigt Ihr ein gültiges Visum, dieses wird beantragt über ein Reisebüro oder Visaservices. Die Kontaktadressen in Eurer Nähe findet Ihr im Internet.
Um ein Visum zu beantragen, benötigt Ihr mehre Nachweise, die sich nach Art des beantragten Visums unterscheiden.

4.2 Visumsarten

*16-tägiges Online-Touristenvisum mit einmaliger Ein-und Ausreise (Dieses ist für eine Auswanderung nicht zu empfehlen, sondern eher, um eine Reise nach Russland zu unternehmen, um dieses kennenzulernen).

Hierfür wird benötigt:

- Auslandskrankenversicherung inkl. Russischer Föderation über den Zeitraum des Aufenthalts
- Nachweis Unterkunft Hotel, Pension etc.

*3-monatiges Touristenvisum mit zweimaliger Ein- und Ausreise

Hierfür wird benötigt:

- Einkommens- oder Rentennachweis
- Auslandskrankenversicherung inkl. Russischer Föderation über den Zeitraum des Aufenthalts
- Foto
- Einladung eines Touristikbüros in RF (Diese Einladung ist über das beauftragte Reisebüro oder Visaservice in DE erhältlich)

- Antrag auf ein Visaerstellung (Dieser ist online abrufbar, ich empfehle aber diesen gemeinsam mit dem Reisebüro oder Visaservice auszufüllen)

*6-monatiges Touristenvisum mit mehrfacher Ein- und Ausreise

Hierfür wird benötigt:

- Einkommens- oder Rentennachweis
- Auslandskrankenversicherung inkl. Russischer Föderation über den Zeitraum des Aufenthalts
- Foto
- Einladung eines Touristikbüros in RF (Diese Einladung ist über das beauftragte Reisebüro oder Visaservice in DE erhältlich)
- Antrag auf ein Visaerstellung (Dieser ist online abrufbar, ich empfehle aber diesen gemeinsam mit dem Reisebüro oder Visaservice auszufüllen)

*1-jähriges Touristenvisum mit mehrfacher Ein- und Ausreise

Hierfür wird benötigt:

- Einkommens- oder Rentennachweis
- Auslandskrankenversicherung inkl. Russischer Föderation über den Zeitraum des Aufenthalts
- Foto
- Einladung eines Touristikbüros in RF (Diese Einladung ist über das beauftragte Reisebüro oder Visaservice in DE erhältlich)
- Antrag auf ein Visaerstellung (Dieser ist online abrufbar, ich empfehle aber diesen gemeinsam mit dem Reisebüro oder Visaservice auszufüllen)

*6-monatiges Businessvisum mit mehrfacher Ein- und Ausreise

Hierfür wird benötigt:

- Einkommens- oder Rentennachweis
- Auslandskrankenversicherung inkl. Russischer Föderation über den Zeitraum des Aufenthalts
- Foto
- Einladung eines Arbeitgebers in RU

- Antrag auf ein Visaerstellung (Dieser ist online abrufbar, ich empfehle aber diesen gemeinsam mit dem Reisebüro oder Visaservice auszufüllen)

*1-jähriges Businessvisum mit mehrfacher Ein- und Ausreise

Hierfür wird benötigt:

- Einkommens- oder Rentennachweis
- Auslandskrankenversicherung inkl. Russischer Föderation über den Zeitraum des Aufenthalts
- Foto
- Einladung eines Arbeitgebers in RU
- Antrag auf ein Visaerstellung (Dieser ist online abrufbar, ich empfehle aber diesen gemeinsam mit dem Reisebüro oder Visaservice auszufüllen)

*1–3-jähriges Arbeitsvisum mit mehrfacher Ein- und Ausreise

Dieses Visum kann nur in Russland selbst beantragt und ausgestellt werden und hierfür sind separate Vorgehensweisen und Nachweise zu beachten.

Hierfür wird benötigt:

- Vertrag des Arbeitgebers in RU
- Nachweis warum Ihr als Ausländer und nicht ein russischer Staatsbürger von dem russischen Arbeitgeber eingestellt werden kann
- Nachweis einer qualifizierten Ausbildung
- Kopie eines gültigen Reisepasses in russischer notarisch beglaubigter Übersetzung (alle Seiten des Reisepasses)
- vier Passfotos erstellt in Russland
- medizinische Untersuchung laut Vorgabe in Russland inkl. Drogentest und Röntgen der Lungen (TBC)
- russische Kontoverbindung
- Nachweis der Registrierung in Russland

Diese Dokumente müssen bei dem zuständigen Polizei Behörde in der Stadt oder Region, wo Ihr registriert seid abgegeben und mit einer Bearbeitungszeit von 4 Wochen gerechnet werden.

4.3 Empfehlung

Als Neustart empfehle ich folgenden Ablauf.

1. Neubeantragung eines deutschen Passes mit einer Gültigkeit von 10 Jahren.
2. Beantragung eines 3-monatiges Touristenvisum mit zweimaliger Ein- und Ausreise. Wenn Ihr in Russland vorher noch nie gewesen wart, ist dies das Maximum, was Ihr beantragen könnt. Erst wenn Ihr schon nachweislich in Russland ein- und ausgereist seid, könnt Ihr Visen mit längerem Aufenthalt beantragen.
3. Termine mit zukünftigen Arbeitgebern, Immobilienagenten und Behörden wahrnehmen. Es empfiehlt sich, diese Termine vor Anreise zu organisieren, um Zeit vor Ort zu sparen.
4. Wohnung anmieten und registrieren.
5. Arbeitsvisum auf Basis Arbeitsvertrag mit russischem Arbeitgeber und wie unter Punkt 4.2 beschrieben, beantragen.

Sobald Ihr das Arbeitsvisum in der Tasche habt, könnt Ihr erst einmal tief durchatmen, denn hiermit ist der erste Step zur Auswanderung nach Russland geschafft.

4.4 Wichtiger Hinweis

Ihr dürft nicht vergessen, dass Ihr mit einem Touristenvisum oder Businessvisum egal in welcher Art, Ihr nur maximal 180 Tage in Russland Euch aufhalten dürft. Das heißt, bei 90 Tagen am Stück in Russland müsst Ihr danach 90 Tage in Deutschland oder EU verbleiben und erst nach dieser Zeit wieder 90 Tage nach Russland einreisen! Somit könnt Ihr Euch unter diesen Bedingungen nie 365 Tage im Jahr in Russland aufhalten. Nur mit einem Arbeitsvisum oder später Aufenthaltserlaubnis oder Genehmigung ist dies dann möglich.

Ihr müsst also versuchen so schnell wie nur möglich ein Arbeitsverhältnis und somit ein Arbeitsvisum zu erlangen, um stabil in Russland bleiben zu können.

5. Sprache

5.1 Grundsätzlich

Wenn man in Russland Erfolg haben möchte, auf privater oder auf beruflicher Basis, dann muss man sich mit der russischen Sprache intensiv auseinandersetzen. Ich denke, das ist auch für alle in einer gewissen Art und Weise verständlich.

5.2 Persönliche Erfahrung

In meiner Anfangsphase in Russland hatte ich den Eindruck, dass ich einen gewissen Vorteil habe, weil ich in der DDR als Jugendlicher aufgewachsen bin und fünf Jahre lang in der Schule russisch geschult bekommen habe. Als ich dann aber wirklich in Russland angekommen bin und versucht habe, die russische Sprache zu verstehen, habe ich für mich verstanden, dass dies nicht so ist. Mir wurde zwar lesen und schreiben in der Schule beigebracht, aber das Sprechen und das Verstehen viel mir trotzdem sehr schwer, sodass ich die russische Sprache anfangen musste neu zu lernen. Ich habe parallel dazu mir verschiedene Informationen und Hilfestellungen von meinen damaligen Kollegen mit Russland-Deutschen Wurzeln zu eigen gemacht. Im späteren Verlauf habe ich viel Input durch meine Frau und den Angestellten meiner Firma bekommen. Dies war ein großer Vorteil für mich, den ich heute auch nicht mehr missen möchte.

In diesem Zusammenhang muss ich Euch klar sagen: „Beruflich wird jemand immer bevorzugt, wenn er die Sprache des Landes sprechen und verstehen kann." Ob derjenige technisch Ahnung hat, beziehungsweise eine technische Ausbildung für den ausgeübten Job hat, wird dann erst einmal zurückgestellt.

Ich habe hierfür ein nettes Beispiel für Euch. Wie ich bereits geschrieben hatte, war ich seit 2008 in Russland für einen Automobilkonzern tätig gewesen. Der Automobilkonzern hatte mich aber nicht 2008 für den Job als Projektleiter in Russland Kaluga angefragt, sondern schon 2007. Im Jahr 2007 bekam ich die Anfrage aus einer Planungsabteilung, ob ich Interesse hatte, als Projektleiter nach Kaluga Russland zu gehen. Zu diesem Zeitpunkt war das Werk selbst noch nicht aufgebaut, sondern es bestand nur aus einer Halle in der Fahrzeuge kurzfristig zusammengebaut wurden, um als Hersteller einen Fuß in Russland zu bekommen und mit einer kompletten Produktion langsam anzufangen. Ich wurde in DE vorgeladen zu einem persönlichen Gespräch. Ich hatte meine Unterlagen mit dabei und teilweise kannten die Jungs von der IT-Planung mich auch schon. Ich hatte zehn Jahre Erfahrung im Konzern, kannte alle Prozesse,

Vorgaben und Vorschriften. Ich kannte mich mit Abnahmen und interne Übergaben von Projekten im Bereich Anlagentechnik und IT-Technik aus und war auch in der Lage Aufmaße zu führen und diese abzurechnen. Ich hatte also von daher alle Voraussetzungen für die Aufgabe und ich war aus meiner Sicht der perfekte Mann für diesen Job!

Wir plauderten ein bisschen über das Projekt und dass alle positiv überrascht, über Russland waren und es kam halt zu der entscheidenden Frage aller Fragen: „Können Sie die russische Sprache?" Ich bin ein ehrlicher Mensch und habe natürlich gesagt, dass ich die russische Sprache in der Schule gelernt hatte, aber seitdem ich diese Sprache nicht mehr gesprochen habe. Diese Aussage von mir war der entscheidende Punkt, um sich gegen mich und für meinen Mitbewerber zu entscheiden. Der noch nie in einem Konzern gearbeitet hatte, Prozesse und Abläufe nicht kennt und im Gegenteil weit weg von der Automobilindustrie aufgewachsen ist. Der aber und jetzt kommt es, deutsch-russisch sprechen und verstehen konnte! Ich habe diesen Zusammenhang erst später mitbekommen, weil ich dann 2008 doch als Verstärkung meines Mitbewerbers nach Russland geholt wurde, da der Kollege allein verständlicherweise die Arbeit nicht geschafft hat, die ihm aufgetragen wurde.

Da hat man jemanden im Büro, der kann die deutsche und russische Sprache perfekt, hat aber technisch keine Ahnung. An dieser Situation habe ich schon gemerkt, dass die Wahl einzelner Personen im beruflichen Leben, immer sprachlich bestimmt ist und erst dann technisch. Warum sage ich Euch das? An dieser meiner eigenen Erfahrung erkennt Ihr, dass immer im beruflichen oder im privaten die Sprache der Mittelpunkt ist und alles um die Sprache drumherum aufgebaut wird. Ich habe mich damals entschieden, die russische Sprache zu lernen, weil ich der Meinung war und bin, dass meine Frau von null an die deutsche Sprache, schwieriger sein wird als mir mit fünf Jahren Theorie Erfahrung das Russisch beizubringen. Was sich dann in der Zukunft auch bewahrheitet hat.

Man kann auch versuchen, seinen beruflichen Start, egal welche Art und Weise, mit einem Übersetzer zu beginnen. Hierzu habe ich auch ein paar Erfahrungen parat.

Der Übersetzer ist ein guter Weg, um zu starten, aber es gibt mehrere negative Eigenschaften, die ein Übersetzer oder Übersetzerin automatisch mitbringt, die ihr unbedingt beachten solltet. Der Übersetzer, der entweder in Eurem Büro sitzt oder Euch ständig begleitet oder bei Besprechungen unterstützt, kostet Geld, das ist so und da kommt man nicht drumherum. Das ist eine logische Sache, denn die Übersetzer wollen auch für Ihre Dienstleistung bezahlt werden. Am Anfang sagst Du Dir: „Das ist okay, ist ja kein großes Geld und in Deutschland kostet das alles mehr und bla bla bla." Solltet Ihr dann aber über mehrere Monate oder mehrere Jahre einen Übersetzer beschäftigt und zu Besprechungen mitnehmt, dann wird es langsam kostspielig.

Also der erste Nachteil ganz klar die Kosten. Der zweite Nachteil besteht darin, wenn Ihr mit dem Übersetzer zu einer Behörde oder in ein Meeting geht, dann unterhält sich der Gegenüber nur noch mit dem Übersetzer und nicht mehr mit Dir. Euer Gegenüber ist automatisch der Meinung, dass Ihr die Sprache sowieso nicht beherrscht. Die Denkweise hierbei ist, Du verstehst ja eh kein Wort. Das machen die Personen untereinander nicht mit Absicht, das ist ein Automatikprinzip, was ich selbst auch mehrfach erlebt hatte. Die einzelnen Personen sprechen dann mit Eurem Übersetzer und dieser wird dann auch schon in die Richtung geleitet, dass er eine Entscheidung für Dich treffen soll, und das kann sich natürlich negativ auf Euer eigentliches Ziel des Gespräches auswirken. Ich habe es oft erlebt, dass ich beim Kunden mit meiner Übersetzerin war, um die Gespräche schneller voranzubringen und dieser hat sich dann auf die Übersetzerin fixiert und das Übersetzen des Gespräches mir gegenüber war dann zweitrangig. Ich habe dann ein paar Mal mitbekommen, dass im Gespräch mit dem Kunden mehr besprochen, als mir letztendlich durch die Übersetzerin tatsächlich übersetzt wurde.

Also für mich ist dann irgendwann die Entscheidung gefallen, dass ich ohne Übersetzer auskommen muss. Gerade wie bei mir in Gesprächen mit dem Kunden ist es wichtig, dass man sich einander versteht und ein gewisses Gefühl miteinander in den Besprechungen entwickelt. In eine „Dreier-Beziehung" mit unterschiedlichen Sprachen ist das schwierig.

5.3 Empfehlung

Also was kann man als Zusammenfassung sagen?

Ein Übersetzer/in ist für den Anfang als Hilfsmittel um sich zurechtzufinden gut, aber um dauerhaft Ziele zu erreichen ist diese Dienstleistung, wie beschrieben, nicht der richtige Weg. Also wenn ihr wirklich in naher Zukunft in Russland Fuß fassen wollt, dann müsst ihr anfangen, die Sprache zu lernen, beziehungsweise mit der Sprache zu leben. Das ist der entscheidende Ratschlag hierzu von mir.

6. Wohnort

6.1 Erklärung

Die Entscheidung über den Wohnort in Russland ist mit das Wichtigste, welche man für den Aufbau eines neuen Lebens treffen muss.

Ich gehe davon aus, dass die Mehrheit der nach Russland auswandernden Personen im arbeitsfähigen Alter sind und noch eine gewisse Zeit für ihren Unterhalt sorgen müssen.

Also wenn das so ist, ist der Wohnort in direkter Abhängigkeit zum Arbeitsplatz zu wählen.

6.2 Persönliche Erfahrung

Bei mir war das in den ersten Jahren durch mein Beschäftigungsverhältnis ganz einfach, aber nachdem ich meine Firma gegründet hatte, musste ich natürlich auch entscheiden Moskau oder Kaluga? Ich habe mich für Kaluga entschieden, allein schon wegen des Verkehres. Ich habe keine Lust jeden Tag auf dem Weg ins Büro und wieder zurück nach Hause 3 Stunden im Auto im Stau zu verbringen. Öffentliche Verkehrsmittel wären eine Möglichkeit, aber auch hier sind es nicht nur zehn Minuten. Außerdem fehlt in den Millionen-Städten immer die Natur und ein bisschen Ruhe braucht der Mensch. Ich hatte oft das Angebot, nach Moskau zu gehen, aber ich habe immer dankend abgelehnt.

6.3 Empfehlung

Den Einwanderern, die als Beispiel nach Sotschi oder Jalta unter Palmen wollen, um sich dort niederzulassen, ohne eine berufliche Vergangenheit in der Touristik-Branche oder Renovierung von Wohneigentum zu haben, kann ich davon nur abraten. Das sind Ziele, die man im Urlaub besuchen kann oder wenn man eine Rente bezieht, wo man aber ganz bestimmt es schwer haben wird eine berufliche Zukunft außerhalb vom Tourismus oder Baugewerbe aufzubauen. In diesen touristischen Gegenden ist es immer schwierig, sich als Einsteiger zurechtzufinden. Viel wirtschaftliche Einflussnahme aus den kaukasischen Gebieten. Die Quote der Betrügereien ist zum Beispiel in Sotschi deutlich höher als in Kaluga. Logisch viele Touristen, bei denen das Geld locker sitzt.

Also auch hier mein Tipp versucht erst darüber nachzudenken welche berufliche Richtung ihr einschlagen wollt und wo dafür der beste Ort ist. Holt Euch hierfür die maximalen Informationen, nutzt vor allem soziale Mediengruppen, da die Personen in diesen Gruppen reale

Menschen mit realen Erfahrungen sind. Und erst wenn ihr hier ein relatives gutes Ergebnis habt, legt Euren Wohnort fest.

7. Arbeitsplatz

7.1 Erklärung

Nach dem man sich entschieden hat, welchen Berufszweig man einschlägt, ist die nächste Herausforderung einen Arbeitsplatz oder Beschäftigung in diesem Bereich zu finden. Meine Empfehlung hierbei ist, dass bei der Entscheidung des Wohnortes der Arbeitsplatz in erster Linie die Vorgabe des Wohnortes bestimmen und alles andere danach mitentscheidend sein sollte. Außer ihr seid Rentner ohne Kinder, da spielen andere Vorgaben bei der Suche nach einem Wohnort in Russland eine Rolle.

7.2 Voraussetzung und Problematik

Bei der Suche nach Arbeit sollten folgende Voraussetzungen erfüllt sein, wenn ihr keine russischen Vorfahren oder Verwandtschaft habt, um an Eingliederung-Förderprogrammen teilnehmen zu können.

Es muss auf jeden Fall ein Arbeitsvisum/ Arbeitsgenehmigung vorliegen. Nicht zu verwechseln mit dem Touristen oder Businessvisum! Ohne dieses Visum kann Euch, selbst wenn die Firma wollte, nicht einstellen.

Und jetzt beißt sich die Katze in den Schwanz. Um ein Arbeitsvisum zu erhalten, müsst Ihr ein Anstellungsverhältnis in Form eines Arbeitsvertrages in einer russischen Firma vorweisen. Jetzt seht Ihr die Problematik. Die russischen Firmen tun sich schwer Personen, die keine Arbeitserlaubnis haben zu helfen bzw. unterstützen dieses zu bekommen, um sie dann später zu beschäftigen. Nicht zu vergessen, dass Ihr in diesem Zeitraum der Anmeldung des Arbeitsvisums kein Gehalt erhaltet. Euer zukünftiger Arbeitgeber muss außerdem nachweisen, warum er gerade Dich einstellt und nicht einen russischen Staatsbürger.

7.3 Empfehlung

Ich empfehle deshalb jedem eine russische GmbH (Russisch OOO) zu eröffnen.

Ausländer können ohne jegliche Vorgaben eine GmbH in Russland eröffnen. Hierfür benötigt wird eine Kopie des Passes, eine Registrierung und 10000 Rubel (ca. 80-100 €) Einlage in die Firma. Dann benötigt die Firma einen Generaldirektor, dieser wird vom Firmeninhaber festgelegt, hierbei benennt ihre Euch selbst. Ihr macht einen Arbeitsvertrag und startet den Prozess zur Beantragung des Arbeitsvisum/ Arbeitsgenehmigung. Nachdem Ihr diese erhalten habt, kann diese bis zu 3

Jahren gelten, das heißt Ihr habt das Recht in Russland bis zu drei Jahre zu arbeiten. Danach kann diese natürlich verlängert werden oder Ihr geht den nächsten Schritt zur Beantragung einer befristeten Aufenthaltserlaubnis. Dies wäre dann der nächste Step in Richtung Staatsbürgerschaft und enthält automatisch die Arbeitserlaubnis für Russland.

Ihr habt nun das Arbeitsvisum auf Beantragung Eurer eigenen Firma in der Tasche und könnt nun Euch in anderen Unternehmen bewerben. Dies wird Euch jetzt um einiges leichter fallen.

Die Firma könntet Ihr auf null weiterlaufen lassen oder Ihr schließt diese, nachdem Ihr einen anderen Job gefunden habt.

Weitere Voraussetzung für eine Einstellung ist die russische Sprache. Hier sollte eine Basis an Wissen bestehen, um sich artikulieren zu können. Wer mit der Einstellung nach Russland kommt, die erlernten Kenntnisse über Englisch oder Französisch bringen Euch weiter, dem kann ich nur sagen, vergesst das!

Wie unter Punkt Sprache bereits angesprochen, müsst ihr Russisch in irgendeiner Weise lernen und aneignen.

Die Arbeitszeiten sind in Russland relativ flexibel, wobei in Großstädten wie Moskau gerne bis in die Abendstunden geschafft wird.

Nach dem Motto „Moscow never sleep"

In vielen Bereichen wird ein Leistungslohn bezahlt, bestehend aus einem Grundlohn und einer Leistungspauschale, die sich zum Beispiel im Verkaufsbereich mit Prozenten an der verkauften Ware oder im Logistikbereich an den gefahrenen Kilometern, zusammensetzt und entlohnt wird.

Die Lohngefüge in Russland sind von Region zu Region unterschiedlich. Als Beispiel in meiner Heimatstadt Kaluga beträgt der Durchschnittslohn 55000-75000 Rubel. In Moskau beträgt dieser 150000-200000 Rubel.

Hier muss man dann aber auch beachten, dass die Ausgabe in den Metropolen, dann auch prozentual höher sind.

8. Schule/Ausbildung

8.1 Persönliche Erfahrung

Aus den einzelnen sozialen Medien bekomme ich immer wieder mit, dass ganze Familien mit Kindern ausreisen möchten.

Für die Kinder den richtigen Kindergartenplatz oder Schule mit anschließender Ausbildung zu finden, ist ein schwieriges Thema. Ich möchte hier nicht großartig in die Erziehung der Eltern eingreifen, nur solltet ihr bedenken, dass Euere Kinder auch Russland kennenlernen müssen und das passiert nicht in einer Privatschule mit deutscher Sprache. Diese Schulen haben nur ein Ziel Euer Geld. Im Übrigen denke ich auch so über Privatschulen in Deutschland. Ich war in meiner Jugend in der DDR in einem normalen Kindergarten und in einer normalen Oberschule und es hat mir nicht geschadet, im Gegenteil. Ich wuchs auf unter viele verschiedenen Kinder und lernte die vielen sozialen Unterschiede oder Charaktere beim Miteinander Lernen und Leben kennen. Diese Erfahrungen haben mir in meiner Selbstständigkeit oft sehr geholfen.

Wenn ich also noch mal vor der Entscheidung stehen würde, in welche Schule mein Sohn gehen soll, dann natürlich würde ich mich wieder für die Öffentliche entscheiden.

8.2 Beschreibung

Das russische Schulsystem ist kein schlechtes und kann locker mit europäischen Schulsystemen mithalten. Dasselbe gilt im Übrigen auch für Kindergärten. Um seine Kinder in einem Kindergarten oder Schule unterzubringen, ist mit Geduld verbunden. Es müssen Anträge bei den Behörden auf einen Platz gestellt werden. Manchmal kann es passieren, dass der gewünschte Kindergarten keine Plätze mehr zu vergeben hat und ihr auf eine anderen ausweichen müsst. Ja, auch in Russland gibt es Mangel an Kindergärten oder Schulplätzen. Das liegt daran, dass die Zuwanderung aus anderen Regionen in manchen Ballungsgebieten sehr hoch ist. Aber im Gegensatz zu Deutschland werden keine Kindergärten geschlossen, sondern neu gebaut.

Schulische Nachweise werden in Russland akzeptiert. Diese müssen auch wie so oft in die russische Sprache übersetzt und notariell beglaubigt werden. Eine Eingliederung Eurer Kinder aus dem deutschen in das russische Schulsystem sollte sich also nicht als so schwierig darstellen. Natürlich kann es Regionen gebunden zu Unterschieden kommen, aber grundsätzlich ist Russland daran interessiert, dass die Kinder eine vernünftige Ausbildung bekommen.

Im Übrigen ist das Angebot für Kinder und Jugendliche in Ihrer Freizeit Hobby nachzugehen riesengroß. In Russland steht der Sport immer noch mit an erster Stelle. Siehe Absatz Freizeit.

9. Freizeit

9.1 Erklärung

Freizeitangebote gibt es in Russland eine Menge. Ich bin der Meinung, dass man in Russland seinem Hobby besser nach gehen kann als in Deutschland.

Einige Freizeitangebote sind kostenlos oder werden durch Spenden der einzelnen Teilnehmer finanziert. Es gibt natürlich auch Angebote, die etwas kosten.

Als Beispiel: Angeln kann man in Russland an jedem Fluss, See oder Meereszugang wie man möchte kosten frei und ohne einen Schulungsnachweis. Man kann aber natürlich auch an Seen fahren, wo man pro Kilo gefangenen Fisch oder ein Eintrittsgeld bezahlt.

Es gibt Fitnessstudios in denen man einen monatlichen Beitrag bezahlen muss oder man geht in einen Park, in dem kostenlose Geräte zur Verfügung gestellt werden. Grundsätzlich wird der Sport in Russland großgeschrieben und man ist im Sommer immer wieder überrascht, welchem Baum oder Metallgestänge die russische Bevölkerung zur Ausübung ihrer Fitness nutzen.

Weitere Freizeitbeschäftigungen sind:

Tanzen, verschiedene Richtungen

Malen und Zeichnen

Handball

Volleyball

Fußball

Eishockey

Schwimmen

Kanu

Kampfsport

Boxen

Schach spielen

Also ihr sehr es ist für jeden etwas dabei und das Thema „was mache ich in meiner Freizeit?" könnt Ihr somit als erledigt abhaken!

10. Fahrzeug

10.1 Erklärung

Wenn Ihr ein Fahrzeug schon besitzt, könnt Ihr dies ohne Probleme mit nach Russland nehmen.

Folgendes ist hierbei zu beachten:

Das Fahrzeug muss sich laut Papieren in Eurem oder in dem Besitz Eures Partners befinden, der natürlich auch mit Euch einreist. Fahrzeuge die auf Firmen oder andere Personen wie zum Beispiel Vater oder Mutter zugelassen sind und diese nicht mit nach Russland einreisen, könnt Ihr nicht nach Russland einführen und Ihr werdet von den russischen Zöllnern zurückgeschickt.

An der Grenze selbst gibt es immer zwei Kontrollstellen. Die erste Kontrollstelle ist für die Passkontrolle. Hier wird geprüft, ob alle Dokumente Visa etc. zur Einreise vorhanden sind.

Die zweite Kontrolle ist die Zollbehörde. Diese befindet sich gleich ein paar Meter weiter.

Sobald Ihr an dieser Kontrolle seid, müsst Ihr in dreifacher Form eine Zollbescheinigung, für das Fahrzeug und die darin enthaltenen Waren, ausfüllen. Die Vorlagen der

Zollbescheinigungen findet Ihr draußen vor dem Kontrollhäuschen meistens auf Tischen liegend. Dort nehmt Ihr Euch diese dann weg, geht ins Auto und fangt an diese auszufüllen. Dies gestaltet sich beim ersten Mal etwas schwierig, da Ihr aber nicht die Einzigen an der Grenze sein werdet, empfiehlt es sich andere Personen bei Verständnisproblemen, um Hilfe zu bitten. Das funktioniert immer ganz gut. Hierbei ist zu beachten, dass Ihr die Zollanmeldung ruhig angeht und auf Schreibfehler verzichten solltet. Solltet Ihr Euch verschrieben haben und denken, das dies mit durchstreichen und daneben neu schreiben erledigt ist, irrt Ihr Euch gewaltig. Sobald ein Schreibfehler vorliegt, müsst Ihr das komplette Dokument neu ausfüllen. Das kann sehr zeitraubend sein, also bitte darauf achtgeben.

Die Dokumente gebt Ihr dann an der Zollkontrolle mit den Fahrzeugpapieren und Pass ab und wartet. Nach einer gewissen Zeit kommt eine Person des Zolls auf Euch zu und kontrolliert parallel Euer Fahrzeug intensiv. Ihr müsst hierzu die Anweisungen, wie zum Beispiel Tür öffnen, Kofferraum öffnen, Handschuhfach öffnen usw. befolgen. Teilweise werdet Ihr gebeten das Fahrzeug vollständig auszuräumen. Das ist aber keine Schikane, sondern normal, also folgt einfach den Anweisungen und alles wird gut.

Ihr habt jetzt die Kontrolle überstanden und bekommt Euro Papiere mit der unterschriebenen und gestempelten Zollerklärung zurück. Diese Zollerklärung bitte sorgfältig mit den Fahrzeugpapieren aufbewahren. Bei einer Kontrolle der Polizei ist diese mit vorzuzeigen. Des Weiteren ist ein Datum in der Nähe des Stempels eingetragen worden. Bis zu diesem Datum könnt Ihr ohne Probleme im Land Euer Fahrzeug führen. Wenn Ihr in die Nähe des Ablaufes von diesem Datum kommt (meistens sind dies 3-6 Monate) müsst Ihr das Fahrzeug beim Zoll vorführen, um die Frist bis auf maximal ein Jahr zu verlängern oder wieder das Land mit dem Fahrzeug verlassen. Wenn Ihr Euch entscheidet beim Zoll das Fahrzeug vorzuführen, um eine Verlängerung zu bekommen, könnt Ihr dies nur tun in der Region wo Ihr registriert worden seid, das ist wichtig und zu beachten. Wenn Ihr das Fahrzeug nicht vorführt oder aus dem Land bringt, müsst Ihr eine Strafe und die Zollgebühren inkl. 20% der russischen MwSt. auf das Fahrzeug bezahlen. Das kann sehr teuer werden, also bitte haltet Euch daran.

Wenn das Jahr seid Einreise zollfrei abgelaufen ist, müsst Ihr mit dem Fahrzeug Russland verlassen oder das Fahrzeug verzollen. Da gibt es keine andere Möglichkeit.

Ihr könnt, aber sobald Ihr in ein Nachbarland eingereist seid, wieder umdrehen, aus dem Nachbarland ausreisen und sofort nach Russland einreisen und die Prozedur wiederholen. Ich selbst habe dies über mehrere Jahre gemacht und habe dadurch erhebliche Kosten gespart (Anschaffungskosten Fahrzeug in Russland oder Strafzettel). Also es hat schon seinen Reiz diese Tortur auf sich zu nehmen. Das Ganze hat ein Ende, sobald Ihr Euch für eine Daueraufenthaltserlaubnis oder Staatsbürgerschaft in Russland entscheidet. Ihr werdet dann, wie russische Staatsbürger gewertet und das Fahrzeug, was Ihr über die Grenze nach Russland bringt, müsst Ihr dann auch sofort an der Grenze Zollgebühren und MwSt. bezahlen.

Da Ihr ungefähr wisst, wann ihr Eure Daueraufenthaltserlaubnis oder Staatsbürgerschaft in Russland bekommt, unter Voraussetzung Ihr habt diese natürlich beantragt, habt Ihr genug Zeit Euer Fahrzeug aus dem Land zu bringen. Ich hatte damals mein Fahrzeug nach Litauen gebracht und dort verkauft und mir dann ein Fahrzeug in Russland gekauft.

Falls Ihr in Erwägung ziehen wolltet einen gebrauchten PKW in Russland zu kaufen, dann rate ich hier dringend von ab, wenn Ihr nicht ein geübtes Auge für so etwas habt. Unfälle vertuschen und Tachometer zurückdrehen, sind hier in Russland leider an der Tagesordnung. Ich empfehle daher jedem einen Neuwagen zu erwerben und wenn das Budget hierfür nicht so groß ist, solltet Ihr über russische oder chinesische Fahrzeuge nachdenken.

11. Worte zum Abschluss

Ich wurde oft von Freunden oder Bekannten gefragt, ob ich meine Entscheidung bereut habe. Meine damalige Antwort auf die Frage ist immer noch die gleiche wie heute „Nein auf gar keinen Fall" Wenn ich heute einige dieser Personen treffe, kriege ich ein „Du hast alles richtig gemacht!" zu hören und ja, ich habe alles richtig gemacht. Es war mühsam und steinig, gerade bei den kulturellen und sprachlichen Unterschieden, aber es hat sich gelohnt. Diese Chancen, die ich in Russland bekommen habe, bekam ich in Deutschland nicht. Auch Ihr habt die gleichen Chancen wie ich, wenn Ihr ein Ziel fixiert habt und dieses nicht aus den Augen verliert.

Wenn ich in Deutschland im TV sehe, wie über eine richtige Integration von zugewanderten Personen diskutiert wird und diese bis heute nicht funktioniert, dann muss ich immer wieder lachen. Diese im Fernsehen auftretenden Spezialisten und Experten haben einfach keine Ahnung. Meine Integration fand automatisch statt und ohne direkten Einfluss des russischen Staates. Ich wollte in Russland leben, also musste ich die Sprache lernen. Ich wollte in Russland Geld verdienen, also musste ich arbeiten. Ich wollte an dem Lebensumfeld teilnehmen, also musste ich die Kultur in Russland verstehen und akzeptieren. Ich kann von mir sagen, dass ich erfolgreich in Russland integriert bin. Mich hat keiner finanziell oder anderweitig unterstützt. Ich bin integriert, weil die Gesetze der russischen Föderation vorgeben, was ich zu machen und zu lassen habe und ich diese Gesetze befolgen wollte und die Betonung liegt auf wollte.

Ich hoffe, ich konnte mit diesem kleinen Handbuch Euch bei Euren Entscheidungen unterstützen und ich wünsche Euch allen viel Glück in Eurer Zukunft und alles Gute.

Silvio Siegel

Zeitfracht Medien GmbH
Ferdinand-Jühlke-Straße 7
99095 Erfurt, Deutschland
produktsicherheit@kolibri360.de